MW01152395

Mis primeras 1,000 Palabras

My First 1,000 Words

BILINGUAL EDITION

Elena Ferrándiz

Frog,
Ltd.

© 2004, Editorial LIBSA
San Rafael, 4
28108. Alcobendas. Madrid
Tel. (34) 91 657 25 80
Fax (34) 91 657 25 83
e-mail: libsa@libsa.es
www.libsa.es

All rights reserved. No portion of this book, except for brief review, may be reproduced, stored in a retrieval system, or transmitted in any form or by any means—electronic, mechanical, photocopying, recording, or otherwise—without written permission of the publisher.

Published by Frog, Ltd.

Frog, Ltd. books are distributed by
North Atlantic Books
P.O. Box 12327
Berkeley, California 94712
www.northatlanticbooks.com

ISBN 1-58394-100-2
D. L.: M-3713-04

Ilustrations by Elena Ferrándiz
Cover design by Sergio Ballesteros
Book design by Adolfo Martínez
Printed in Spain

North Atlantic Books' publications are available through most bookstores. For further information, call 800-337-2665 or visit our website at www.northatlanticbooks.com.

Substantial discounts on bulk quantities are available to corporations, professional associations, and other organizations. For details and discount information, contact our special sales department.

---

04 05 06 07 08 SITTIC 7 6 5 4 3 2 1

SOBRE ESTE LIBRO

ESTE es un libro que ha sido especialmente pensado y creado para ese momento en que el niño comienza a interesarse por el lenguaje y a aprender sus primeras palabras. No es un libro ideado para aprender a leer, sino para que el pequeño vaya adquiriendo un vocabulario básico, siempre dentro de un contexto que le resulte familiar.

Se ha buscado por ello un planteamiento claro y divertido, basado principalmente en ilustraciones que representen los espacios y actividades más habituales de su entorno: la casa, el colegio, el parque, la playa, la calle, los animales domésticos... Asi mismo, se han elegido temas más concretos, como los números, los colores, las formas, las distintas partes del cuerpo humano... a los que ya presta atención y desea conocer.

De ellos se extraen aquello conceptos y palabras que debe aprender primero, singularizándolos al margen para facilitar la fijación de los mismos en su mente, porque al verlos dentro de una escena conocida podrá recordarlos de un modo mucho más eficaz, por el enfoque lúdico que se le ha dado a esta obra. Los aspectos de mayor complejidad, los que expresan conceptos más abstractos y aquellos en que el elemento contenido debe hacerse mucho más presente aparecen individualmente, agrupados siguiendo una clasificación básica por temas.

ABOUT THIS BOOK

CHILDREN, from the moment they start getting interested in words, are capable of learning several languages at once. This book provides a basic vocabulary in English and Spanish so kids can start easily identifying images they are familiar with and matching those images with words.

These images, always shown in familiar contexts, provide a clear and fun approach to learning, based on illustrations that represent places and activities that are most familiar to them—home, school, the park, the beach, the street, domestic animals.... Likewise, there are more concrete themes, such as numbers, colors, shapes, and the different parts of the human body.

Among these themes there are a few concepts and words that should be learned first, which are singled out in the margins in order to draw attention to those particular illustrations and connect them to a familiar scene that kids will remember when they are out in the world.

The most complex images, those that express abstract concepts and those that contain elements that are understood within the context of the drawings, are grouped according to their basic classification by themes.

LA FAMILIA-*THE FAMILY*

yo-*me*

padre-*father* **madre**-*mother* **bebé**-*baby*

hermana
sister

hermano
brother

ieta-*granddaughter*

nieto-*grandson*

abuela
grandmother

abuelo
grandfather

hijo-*son*

primo-*cousin*

prima-*cousin*

tío-*uncle*

tía-*aunt*

sobrina
niece

sobrino
nephew

LA SALA-*THE SITTING ROOM*

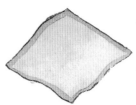

alfombra-*carpet*

cuadro-*picture*

cojines-*cushions*

cenicero-*ashtray*

cortina-*curtain*

cajón-*drawer*

cartas-*letters*

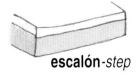

escalón-*step*

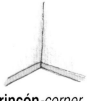

rincón-*corner*

enchufe-*socket*

espejo-*mirror*

jarrón-*vase*

lámpara-*lamp*

chupón-*dummy*

video-*video*

ventana-*window*

teléfono-*telephone*

televisión-*television*

pared-*wall*

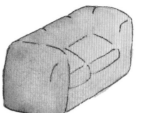
sofá-*sofa*

silla-*chair*

reloj-*clock*

radiograbadora
radiocassette

puerta-*door*

llaves-*keys*

mueble-*chest of drawers*

tiesto-*flowerpot*

mesa-*table*

paraguas
umbrella

LA COCINA-*THE KITCHEN*

lavadora
washing machine

trapo de cocina
kitchen towel

estufa-*cooker*

plato-*plate*

cuchara-*spoon*

taza-*cup*

refrigerador-*fridge*

vaso-*glass*

tenedor-*fork*

fregadero-*kitchen sink*

cuchillo-*knife*

sartén-*frying par*

EL CUARTO DE BAÑO-*THE BATHROOM*

llave del agua
tap

esponja-*sponge*

toalla-*towel*

cepillo de dientes
toothbrush

excusado-*toilet*

peine-*comb*

lavabo-*sink*

tina de baño-*bath*

jabón-*soap*

cepillo-*hairbrush*

papel higiénico-
toilet paper

zapatillas-*slippers*

LOS ANIMALES DOMÉSTICOS-*PETS*

cola-*tail*

bigote-*whisker*

caparazón-*shell*

tortuga-*turtle*

jaula-*cage*

cachorro-*puppy*

hueso-*bone*

patas-*paws*

canario-*canary*

perro-*dog*

gato-*cat*

trampa-*mousetrap*

ratón-*mouse*

hámster-*hamster*

LOS ANIMALES DOMÉSTICOS-*PETS*

bata-*white coat*

veterinario-*vet*

cadena-*leash*

pecera-*fishbowl*

periquito-*parakeet*

peces de colores
goldfishes

loro-*parrot*

plumas-*feathers*

casa del perro
kennel

conejo-*rabbit*

7

LA ROPA-*THE CLOTHES*

calzoncillos-*pants*

camiseta-*vest*

calzones-*panties*

camiseta-*T-shirt*

mallas
leotards

calcetines-*socks*

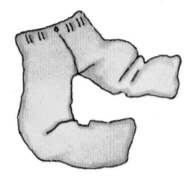

pantalones-*trousers*

falda-*skirt*

camisa-*shirt*

**pantalón de
mezclilla-***jeans*

chaleco-*sleevless jumper*

vestido-*dress*

corbata-*tie*

suéter-*jersey*

cinturón-*belt*

guantes-*gloves*

LA ROPA-*THE CLOTHES*

saco-*jacket*

bufanda-*scarf*

gorra-*cap*

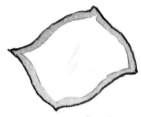

pañuelo
handkerchief

sombrero-*hat*

abrigo-*coat*

cierre-*zip*

botón-*button*

camisón-*nightgown*

short-*shorts*

agujetas-*laces*

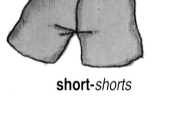

bolsillo-*pocket*

botas-*boots*

gabardina-*raincoat*

bata-*dressing gown*

alfileres-*pins*

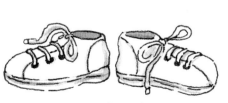

tenis-*trainers*

zapatos-*shoes*

sandalias-*sandals*

9

LA HABITACIÓN
THE BEDROOM

ropero-*wardrobe*

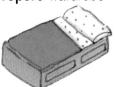

cama-*bed*

computadora-*computer*

lámpara-*lamp*

muñeca-*doll*

tambor-*drum*

flauta-*flute*

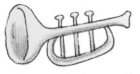

trompeta-*trumpet*

caballito de madera
rocking horse

osito-*teddy bear*

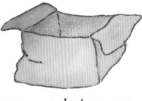

caja-*box*

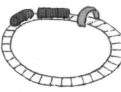

tren-*train*

póster-*poster*

diana-*dartboard*

cobertor-*blanket*

pelota-*ball*

baúl-*trunk*

sábanas-*sheets*

piyama-*pyjama*

flechas-*arrows*

guitarra-*guitar*

piano-*piano*

triciclo-*tricycle*

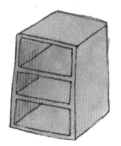
estantería-*shelves*

bote de basura
wastepaper basket

plastilina-*play dough*

mochila-*rucksack*

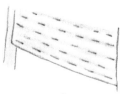
persiana
venetian blind

foco-*light bulb*

11

LA COMIDA-*THE FOOD*

filete-*steak*

ensalada-*salad*

papas fritas-*chips*

pan tostado-*toast*

leche-*milk*

arroz-*rice*

tortilla-*omelette*

mermelada-*jam*

quesos-*cheeses*

huevos fritos-*fried eggs*

mantequilla-*butter*

pasta-*pasta*

elote-*corn*

espinacas-*spinach*

sopa-*soup*

LA COMIDA-*THE FOOD*

pan-*bread*

hamburguesas-*hamburgers*

sal-*salt*

pescado-*fish*

carnes frías-*cold meat*

azúcar-*sugar*

miel-*honey*

flan-*cream caramel*

té-*tea*

copa-*glass*

jugo-*juice*

café-*coffee*

vino-*wine*

pimienta-*pepper*

pan dulce-*cake*

cereales-*cereals*

salchichas-*sausages*

aceite-*oil*

jamón-*ham*

regalo-*present*

pastel-*cake*

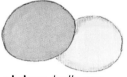
globos-*balloons*

cámara de fotos-*camera*

velas-*candles*

caramelos-*sweets*

lazo-*ribbon*

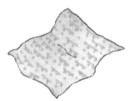
papel de regalo
wrapping paper

cadenetas-*paper chains*

EL CUMPLEAÑOS
YOUR BIRTHDAY

popote
straw

marioneta-*puppet*

chocolate-*chocolat*

anillo-*ring*

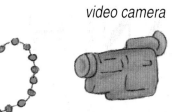

collar-*necklace*

cámara de video
video camera

biberón
baby bottle

servilleta
napkin

payaso-*clown*

botella-*bottle*

galletas-*cookies*

canicas-*marbles*

aretes-*ear rings*

merengue-*meringue*

refresco-*soft drink*

fotos-*photos*

antifaz-*mask*

serpentinas-*streamers*

mantel-*tablecloth*

máscara-*mask*

guirnalda-*garland*

dulce-*sweet*

LAS RELACIONES-*THE RELATIONSHIPS*

mujer-*wife*   **marido**-*husband*

amigos-*friends*

enemigos-*enemies*

compañeros-*companions*

novio
boyfriend

novia
girlfriend

compañeros de trabajo-*work colleagues*

secretaria-*secretary*

vecinos-*neighbours*

jefe-*boss*

LOS NÚMEROS-*THE NUMBERS*

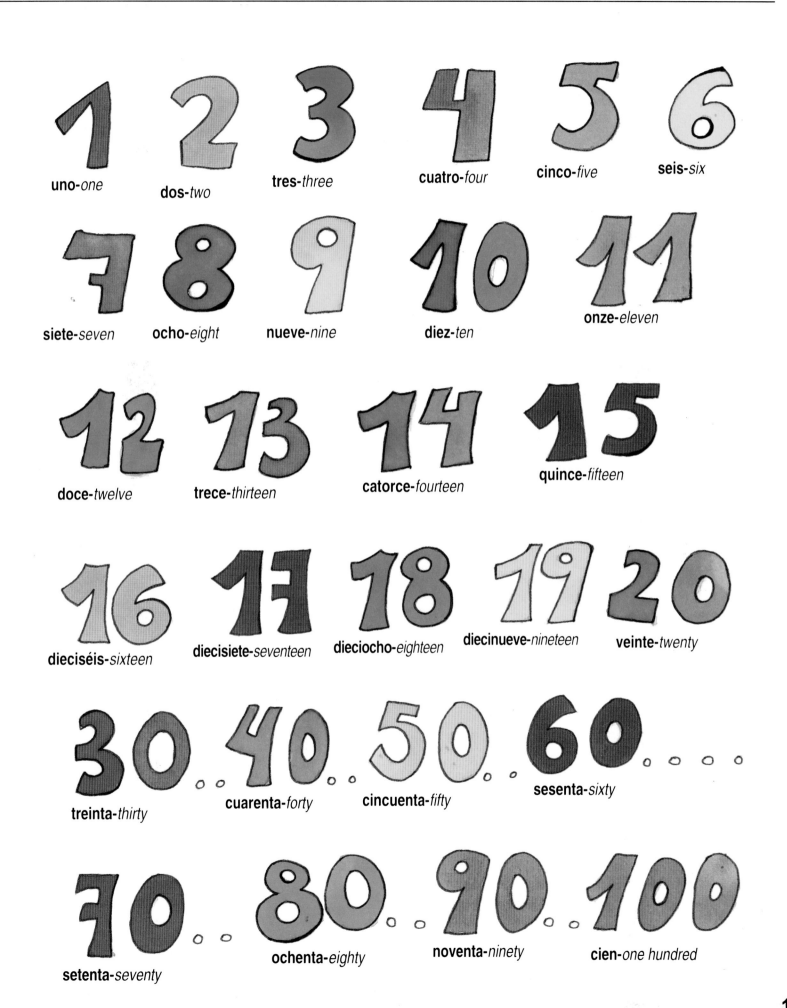

uno-*one*

dos-*two*

tres-*three*

cuatro-*four*

cinco-*five*

seis-*six*

siete-*seven*

ocho-*eight*

nueve-*nine*

diez-*ten*

onze-*eleven*

doce-*twelve*

trece-*thirteen*

catorce-*fourteen*

quince-*fifteen*

dieciséis-*sixteen*

diecisiete-*seventeen*

dieciocho-*eighteen*

diecinueve-*nineteen*

veinte-*twenty*

treinta-*thirty*

cuarenta-*forty*

cincuenta-*fifty*

sesenta-*sixty*

setenta-*seventy*

ochenta-*eighty*

noventa-*ninety*

cien-*one hundred*

EL COLEGIO-*THE SCHOOL*

pizarrón-*blackboard*

pupitre-*desk*

pincel-*paintbrush*

tijeras-*scissors*

lana-*wool*

abecedario-*abc*

rehilete
windmill

suelo-*floor*

marcador
felt-tip pen

cohete-*rocket*

papel-*paper*

acuarelas-*waterpaints*

lentes-*glasses*

sacapuntas
pencil sharpener

pluma-*biro*

goma-*eraser*

submarino-*submarine*

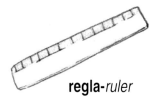

regla-*ruler*

profesora-*teacher*

dibujo-*drawing*

campana-*bell*

crayolas-*wax*

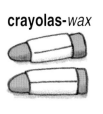

pegamento-*glue*

cuaderno
exercise book

lápices-*pencils*

alumno-*pupil*

19

LOS OPUESTOS-*OPPOSITES*

viejo-*old*

nuevo-*new*

largo-*long*

corto-*short*

alto-*tall* **bajo-***small*

triste-*sad*

alegre-*happy*

lleno-*full*

vacío-*empty*

ligero-*light*

pesado-*heavy*

rápido-*fast*

liso-*straight*

rizado-*curly*

lento-*slow*

LOS OPUESTOS-*OPPOSITES*

rico-*rich*

pobre-*poor*

mojado-*wet*

seco-*dry*

sucio
dirty

limpio
clean

gordo
fat

delgado
thin

grande-*big*

joven
young

viejo
old

igual-*the same*

distinto-*different*

pequeño-*little*

oscuro-*dark*

claro-*clear*

cerrado-*closed*

abierto-*open*

ACCIONES-ACTIONS

dormir-_sleep_

cantar-_sing_

pensar-_think_

comer-_eat_

mirar-_watch_

escribir-_write_

jalar-_pull_

bañarse-_shower_

reír-_laugh_

caer-_fall_

andar-_walk_

correr-_run_

besar-_kiss_

beber-_drink_

ACCIONES-*ACTIONS*

lavar-*wash*

abrir-*open*

cerrar-*close*

saltar-*jump*

manejar-*drive*

leer/estudiar-*read/study*

amar-*love*

nadar-*swim*

hablar-*talk*

oír-*listen*

cortar-*cut*

bailar-*dance*

romper-*break*

sentarse-*sit down*

levantarse-*get up*

llorar-*cry*

EL CUERPO-*THE BODY*

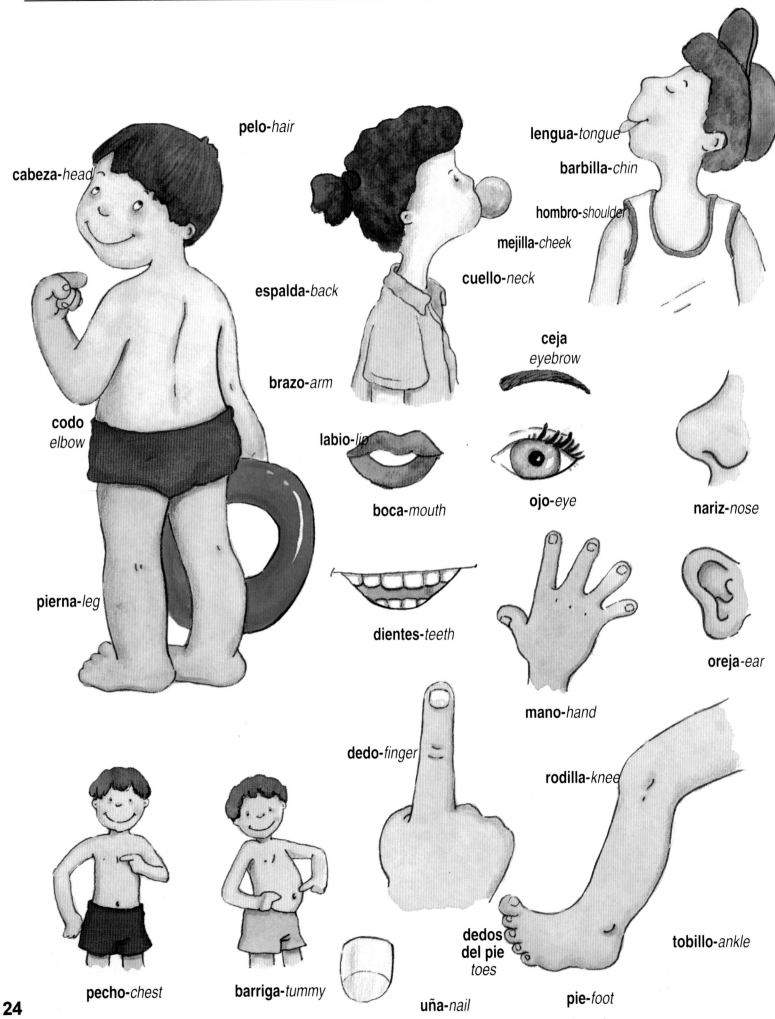

pelo-*hair*

cabeza-*head*

lengua-*tongue*

barbilla-*chin*

hombro-*shoulder*

mejilla-*cheek*

cuello-*neck*

espalda-*back*

ceja
eyebrow

brazo-*arm*

codo
elbow

labio-*lip*

boca-*mouth*

ojo-*eye*

nariz-*nose*

pierna-*leg*

dientes-*teeth*

mano-*hand*

oreja-*ear*

dedo-*finger*

rodilla-*knee*

dedos
del pie
toes

tobillo-*ankle*

pecho-*chest*

barriga-*tummy*

uña-*nail*

pie-*foot*

24

ADVERBIOS/CONTRARIOS-*ADVERBS/OPPOSITES*

izquierda-*left*

derecha-*right*

dentro-*inside*

arriba-*up*

fuera-*outside*

detrás
behind

abajo
down

encima
above

debajo-*under*

delante-*in front of*

lejos-*far*

cerca-*near*

bueno-*good*

malo-*bad*

fácil-*easy*

difícil-*difficult*

último-*last*

primero-*first*

25

EL TIEMPO LIBRE-*THE FREE TIME*

ajedrez-*chess*

rompecabezas-*jigsaw*

cubilete-*cup*

dados-*dice*

fichas-*counters*

parchís-*parcheese*

teclado
keyboard

computadora-*computer*

videojuego
video game

patines-*roller skates*

EL TIEMPO LIBRE-*THE FREE TIME*

teatro-*theater*

escenario-*stage*

actores-*actors*

dominó-*domino*

lectura-*reading*

película-*film*

pantalla-*screen*

planeador
hang-gliding

paracaídas
parachute

canicas-*marbles*

espectadores-*spectators*

trompo-*spinning top*

caña-*rod*

papalote-*kite*

música-*music*

pescar-*fishing*

LAS PROFESIONES-*THE PROFESSIONS*

bombero-*fireman*

músico-*musician*

albañil-*bricklayer*

cartera-*postwoman*

científico-*scientist*

cocinero-*chef*

cantante-*singer*

fotógrafo-*photographer*

arquitecto-*architect*

mesera-*waitress*

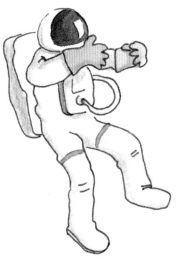

astronauta-*astronaut*

barrendero-*sweeper*

LAS PROFESIONES-*THE PROFESSIONS*

dentista-*dentist*

bailarina-*dancer*

camionero-*lorry driver*

mecánico-*mechanic*

pintora-*artist*

peluquera-*hairdresser*

escritora-*writer*

carnicero-*butcher*

carpintero-*carpenter*

modista-*tailoress*

pintor-*painter*

policía-*policeman*

EL TALLER-*THE WORKSHOP*

pintura-*paint*

gancho-*hanger*

martillo-*hammer*

aspirador-*vacuum cleaner*

telaraña-*cobweb*

serrucho-*saw*

marco-*frame*

perchero
coat hanger

metro-*tape measure*

tornillos-*screws*

clavos-*nails*

alicates-*pliers*

brocha-*paintbrush*

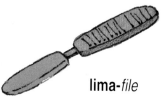

lima-*file*

burbuja-*bubble*

techo-*ceiling*

rodillo-*rolling pin*

estufa-*stove*

taladro-*drill*

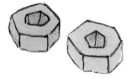

hacha-*axe*

tuerca-*nut*

destornillador
screwdriver

madera-*wood*

plancha-*iron*

LAS FORMAS-*THE SHAPES*

círculo-*circle*

cuadrado-*square*

rectángulo-*rectangle*

triángulo-*triangle*

aro-*ring*

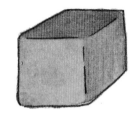

cubo-*cube*

óvalo-*oval*

estrella-*star*

rombo-*rhombus*

LOS COLORES-*THE COLOURS*

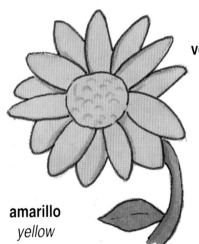

amarillo
yellow

verde-*green*

café-*brown*

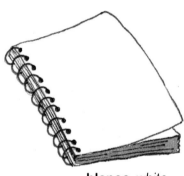

blanco-*white*

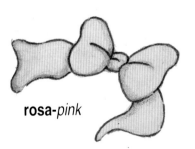

rosa-*pink*

rojo
red

azul-*blue*

negro-*black*

violeta-*purple*

32 naranja-*orange*

LA FERIA-*THE FUNFAIR*

eda de la fortuna
big wheel

carpa-*big top*

montaña rusa
roller coaster

ches de choque
dodgems

osco-*bandstand*

rector-*conductor*

odón de azúcar-*candy floss*

pareja de baile
dancing couple

carrusel
merry-go-round

luces-*lights*

palomitas-*popcorn*

orquesta-*orchestra*

33

EL JARDÍN COMUNITARIO
THE COMMUNITY GARDEN

tejado-*roof*

ladrillo-*brick*

manguera-*hose*

camino-*path*

reja-*fence*

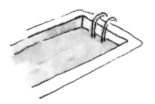

alberca-*swimming pool*

agua-*water*

cuerda-*rope*

cubeta-*bucket*

podadora
lawnmower

flores-*flowers*

hierba-*grass*

34

carriola-*pram*

humo-*smoke*

basura
rubbish bin

muro-*wall*

carretilla
wheelbarrow

chimenea-*chimney*

cristal-*glass*

escalera-*ladder*

árbol-*tree*

pátula-*trowel*

buzón
letter box

regadera-*watering pot*

nido-*nest*

pala-*spade*

garaje-*garage*

35

LA CALLE-*THE STREET*

carretera-*road*

buzón de correos-*letter box*

camión-*lorry*

fuente-*fountain*

puesto de periódicos-*kiosk*

balcón-*balcony*

semáforo-*traffic lights*

toldo-*awning*

paso peatonal
zebra crossing

hotel-*hotel*

restaurante-*restaurant*

bandera-*flag*

frutería-*fruit shop*

casco-*helmet*

farmacia-*chemist's*

bicicleta-*bicycle*

iglesia-*church*

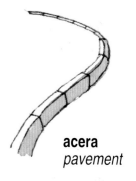

acera
pavement

cine-*cinema*

señal de tráfico
traffic sign

moto-*motorbike*

farol-*streetlamp*

periódico-*newspaper*

autobús-*bus*

LA TIENDA-*THE SHOP*

libro-*book*

etiqueta-*label*

postal-*postcard*

secadora-*hair-dryer*

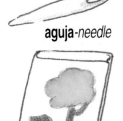

aguja-*needle*

cuento-*book*

colonia-*eau-de-cologne*

sobre-*envelope*

chicle-*chewing gum*

pañales-*nappies*

hilo-*thread*

rey-*king*

timbre de correo-*stamp*

dedal-*thimble*

lápiz labial-*lipstick*

plata-*silver*

carrete-*spool*

cajera-*cashier*

robot-*robot*

cartera-*wallet*

oro-*gold*

dinero-*money*

caja registradora-*cashtill*

reina-*queen*   **39**

EL PARQUE PÚBLICO
THE PUBLIC PARK

banco-*bench*

estatua-*statue*

rama-*branch*

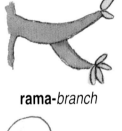

abeja-*bee*

sube y baja-*see-saw*

cisne-*swan*

lago-*lake*

columpio-*swing*

helado-*ice-cream*

ancianos-*elderly people*

mariposa-*butterfly*

revista-*magazine*

catarina-*ladybird*

hoja-*leaf*

saltamontes-*grasshopper*

entrada-*entrance*

basurero-*wastepaper basket*

resbaladilla
slide

patineta-*skateboard*

tronco-*tree trunk*

jardinero-*gardener*

cartel-*sign*

reflejo-*reflection*

bolsa-*handbag*

tierra-*land*

EL SUPERMERCADO
THE SUPERMARKET

chiles-*pepper*

naranjas-*oranges*

papas-*potatoes*

plátanos-*bananas*

berenjenas-*aubergines*

peras-*pears*

Verduras-Vegetables

Frutas-Fruits

piñas-*pineapples*

limas-*lemons*

lechuga-*lettuce*

coliflor-*cauliflower*

manzanas-*apples*

 **harina**-*flour*

 **mora**-*blackberry*

 lata-*can*

 **melón**-*melon*

 **yogur**-*yoghurt*

 **fresas**-*strawberries*

 ajos-*garlics*

 **ejotes**-*green beans*

 **poros**-*leeks*

 **durazno**-*peach*

 **cerezas**-*cherries*

 **tomates**-*tomatoes*

 **calabaza**-*pumpkin*

 uvas-*grapes*

 **zanahorias**-*carrots*

 **cebollas**-*onions*

 **cocos**-*coconuts*

LOS TRANSPORTES
THE TRANSPORTS

parabrisas-*windscreen*

llanta-*wheel*

volante-*steering wheel*

gasolina-*petrol*

cofre-*bonnet*

cajuela-*boot*

placa-*registration number*

faros-*headlights*

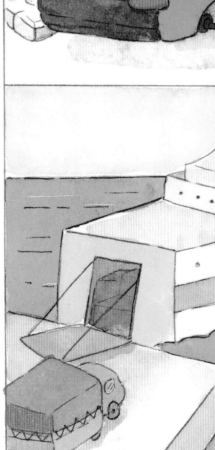

antena-*antenna*

puerto-*seaport*

barco-*ship*

ancla-*anchor*

timón-*rudder*

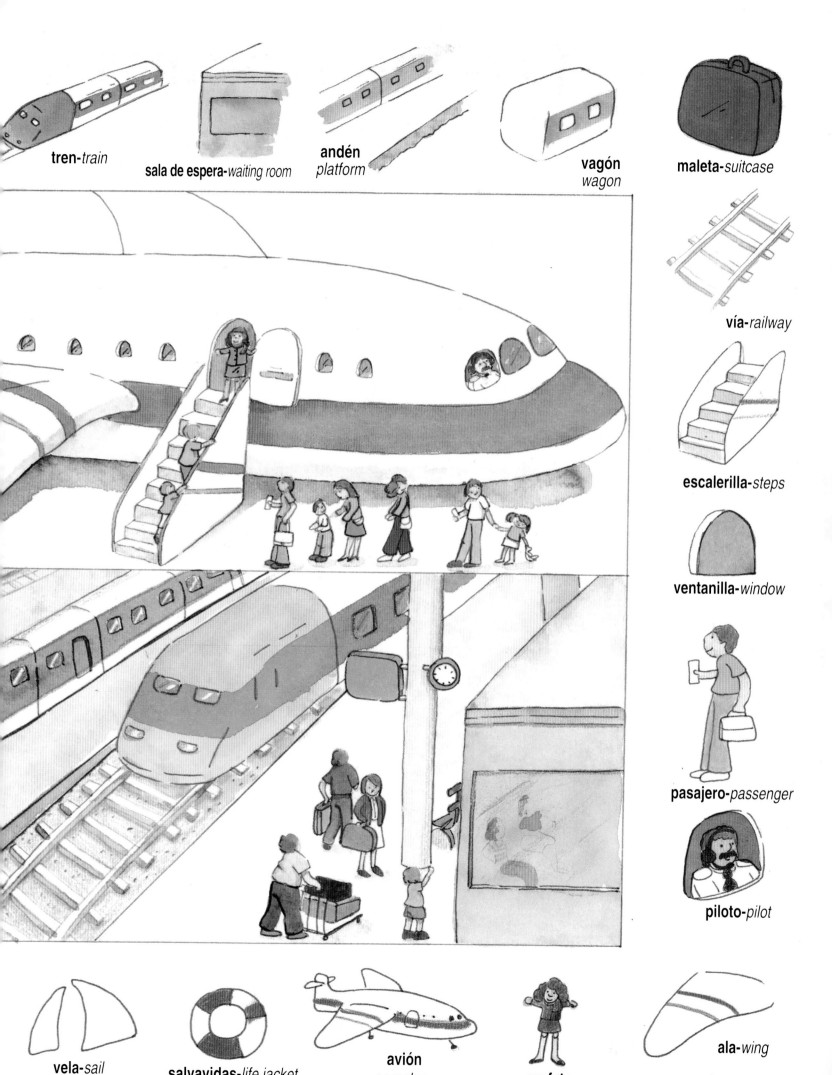

tren-*train*

sala de espera-*waiting room*

andén
platform

vagón
wagon

maleta-*suitcase*

vía-*railway*

escalerilla-*steps*

ventanilla-*window*

pasajero-*passenger*

piloto-*pilot*

vela-*sail*

salvavidas-*life jacket*

avión
aeroplane

azafata
air hostess

ala-*wing*

45

EL HOSPITAL-*THE HOSPITAL*

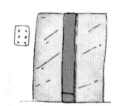

elevador-*lift*

ambulancia
ambulance

venda-*bandage*

pastillas-*pills*

jeringa-*syringe*

camilla-*stretcher*

curitas-*plasters*

muletas-*crutches*

yeso-*plaster*

algodón-*cotton wool*

silla de ruedas
wheelchair

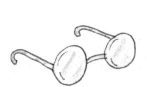
lentes-*glasses*

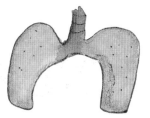
pulmón-*lung*

piyama-*pyjama*

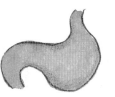
estómago-*stomach*

jarabe-*cough syrup*

charola-*tray*

casillero-*locker*

enfermera-*nurse*

corazón-*heart*

termómetro
thermometer

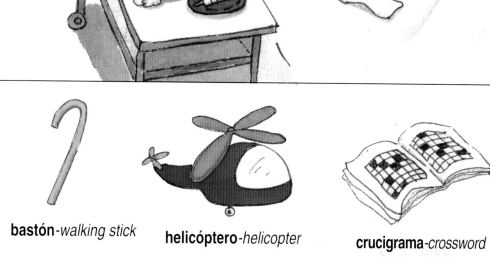

almohada-*pillow*

médico-*doctor*

bastón-*walking stick*

helicóptero-*helicopter*

crucigrama-*crossword*

EL CIRCO-*THE CIRCUS*

fuego-*fire*

faquir-*fakir*

alambre-*wire*

trapecista
trapeze artist

equilibrista-*tightrope walker*

payaso-*clown*

malabarista-*juggler*

sombrero-*hat*

látigo-*whip*

aro-*ring*

micrófono
microphone

acróbatas-*acrobats*

domador-*tamer*

presentador-*compère*

EL CAMPO
THE COUNTRYSIDE

termo-*thermos*

hada-*fairy*

cantimplora-*canteen*

navaja-*penknife*

lupa-*lens*

cerillos-*matches*

puercoespín-*hedgehog*

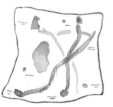

linterna-*torch*

mapa-*map*

piedra-*stone*

tienda de campaña
tent

saco de dormir
sleeping bag

binoculares-*binoculars*

brújula-*compass*

ardilla-*squirrel*

LA GRANJA-*THE FARM*

espantapájaros-*scarecrow*

herradura-*horseshoe*

paja-*straw*

pozo-*well*

gallo-*cock*

pollo-*chick*

50   tractor-*tractor*

girasol-*sunflower*

silla de montar-*saddle*

pavo-*turkey*

hoz-*sickle*

carretilla-*cart*

granjero-*farmer*

toro-*bull*

establo-*stable*

oveja-*sheep*

caballo-*horse*

rebaño-*flock of sheep*

pato-*duck*

vaca-*cow*

pastor-*shepherd*

burro-*donkey*

cerdo-*pig*

amapola-*poppy*

gallina-*hen*

estanque-*pond*

51

EL TIEMPO-*THE TIME*

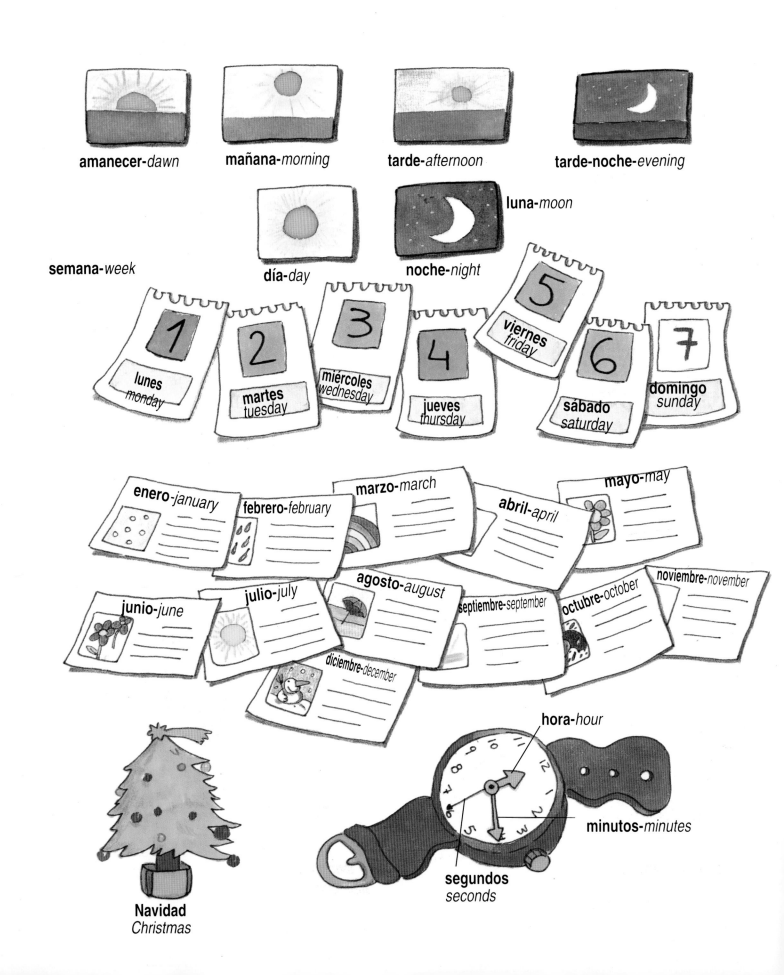

amanecer-*dawn*

mañana-*morning*

tarde-*afternoon*

tarde-noche-*evening*

semana-*week*

día-*day*

noche-*night*

luna-*moon*

1 lunes *monday*

2 martes *tuesday*

3 miércoles *wednesday*

4 jueves *thursday*

5 viernes *friday*

6 sábado *saturday*

7 domingo *sunday*

enero-*january*

febrero-*february*

marzo-*march*

abril-*april*

mayo-*may*

junio-*june*

julio-*july*

agosto-*august*

septiembre-*september*

octubre-*october*

noviembre-*november*

diciembre-*december*

Navidad
Christmas

hora-*hour*

minutos-*minutes*

segundos
seconds

LAS ESTACIONES-*THE SEASONS*

primavera-*spring*

verano-*summer*

soleado-*sunny*

otoño-*autumm*

lluvia-*rain*

invierno-*winter*

nieve-*snow*

frío-*cold*

calor-*hot*

viento-*wind*

nublado-*cloudy*

arco-iris-*rainbow*

desayuno-*breakfast*

comida-*lunch*

merienda
afternoon snack

cena-*supper*

53

LOS ANIMALES MAMÍFEROS-*THE MAMMALS*

oso-*bear*

león-*lion*

delfín-*dolphin*

canguro-*kangaroo*

leopardo-*leopard*

oso panda-*panda bear*

mono-*monkey*

elefante-*elephant*

gorila-*gorilla*

hipopótamo-*hippopotamus*

muerciélago-*bat*

foca-*seal*

búfalo-*buffalo*

LOS ANIMALES MAMÍFEROS-*THE MAMMALS*

cuerno-*horn*

rinoceronte-*rhinocerous*

camello-*camel*

jirafa-*giraffe*

cebra-*zebra*

ballena-*whale*

ciervo-*deer*

nutria-*otter*

pantera-*panther*

jabalí-*boar*

liebre-*hare*

lobo-*wolf*

zorro-*fox*

tigre-*tiger*

OTROS ANIMALES-*OTHER ANIMALS*

mosca-*fly*

cuervo-*crow*

serpiente-*snake*

búho-*owl*

gusano-*worm*

buitre-*vulture*

avestruz-*ostrich*

cocodrilo-*crocodile*

tiburón-*shark*

pulpo-*octopus*

hormiga-*ant*

pelícano-*pelican*

OTROS ANIMALES-*OTHER ANIMALS*

águila-*eagle*

morsa-*walrus*

pingüino-*penguin*

flamenco-*flamingo*

camaleón-*chameleon*

pez espada-*swordfish*

lagartija-*lizard*

caballito de mar
seahorse

paloma-*dove*

araña-*spider*

mosquito-*mosquito*

caracol-*snail*

rana-*frog*

orca-*killer whale*

57

LA ECOLOGÍA-*THE ECOLOGY*

plástico-*plastic*

vidrio-*glass*

aerosol-*aerosol*

papeles-*papers*

telas-*fabrics*

matamoscas-*fly swat*

envolturas-*wrappings*

bolsa plástico
plastic bag

papeles-*papers*

sueltos-*loose*

cesta-*basket*

papel reciclado
ruled paper

contaminación-*pollution*

naturaleza-*nature*

pilas-*batteries*

reciclar-*recycle*

reciclable-*recyclable*

vidrio-*glass*

contenedor-*container*

tóxico-*toxic*

transporte público
public transport

transporte individual
individual transport

alto consumo
high consumption

energía solar
sun power

energía-*energy*

bajo consumo
low consumption

energía eólica-*wind power*

fábrica-*factory*

calefacción
heating

59

LA PLAYA-*THE BEACH*

lancha-*boat*

remos-*oars*

llanta para nadar-*float*

aletas-*flippers*

traje de baño-*swimsuit*

alga-*seaweed*

colchoneta
airbed

sombrilla-*sunshade*

palmera-*palm tree*

crema
suncream

lentes de sol
sunglasses

castillo de arena-*sandcastle*

cangrejo-*crab*

olas-*waves*

espuma-*floam*

faro-*lighthouse*

dunas-*dunes*

visor
underwater goggles

estrella de mar-*starfish*

caracol-*seashell*

tumbona-*deckchair*

gaviota-*sea gull*

arena-*sand*

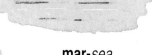
mar-*sea*

sol-*sun*

61

LOS DEPORTES-*THE SPORTS*

ciclismo-*cycling*

atletismo-*athletics*

natación-*swimming*

buceo-*underwater diving*

motociclismo-*motorcycling*

canasta-*basket*

esquí-*skiing*

raqueta-*tennis racket*

básquetbol
basketball

rugbi-
rugby

tenis
tennis

LOS DEPORTES-*THE SPORTS*

fútbol-*soccer*

arco-*bow*

tiro con arco-*archery*

equitación-*show jumping*

automovilismo-*motor racing*

vólivol-*volleyball*

canoa-*canoe*

piragüismo-*canoeing*

gimnasia *gymnastics*

vela-*sailing*

alpinismo *climbing*

surfing-*surfing*

pesas-*weights*

anillas-*rings*

patinaje sobre hielo *ice-skating*

halterofilia-*weightlifting*

béisbol-*baseball*

LA MONTAÑA
THE MOUNTAIN

pueblo-*town*

puente-*bridge*

nube-*cloud*

río-*river*

bosque-*forest*

paracaídas-*parachute*

montañas-*mountains*

túnel-*tunnel*

alpinista-*climber*

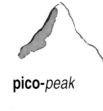

pico-*peak*

cabra-*goat*

LISTA DE PALABRAS

abajo	down	25	araña	spider	57	brazo	arm	24
abecedario	abc	18	árbol	tree	35	brocha	paintbrush	31
abeja	bee	40	arco	bow	63	brújula	compass	49
abierto	open	21	arco iris	rainbow	53	buceo	underwater diving	62
abrigo	coat	9	ardilla	squirrel	49	bueno	good	25
abril	april	52	arena	sand	61	búfalo	buffalo	54
abrir	open	23	aretes	ear rings	15	bufanda	scarf	9
abuela	grandmother	1	aro	ring	32, 48	búho	owl	56
abuelo	grandfather	1	arquitecto	architect	28	buitre	vulture	56
ACCIONES	ACTIONS	22-23	arriba	up	25	burbuja	bubble	31
aceite	oil	13	arroz	rice	12	burro	donkey	51
acera	pavement	37	aspirador	vacuum cleaner	30	buzón	letter box	35
acróbatas	acrobats	48	astronauta	astronaut	28	buzón de correos	letter box	36
actores	actors	27	atletismo	athletics	62	caballito	rocking horse	10
acuarelas	waterpaints	19	autobús	bus	37	de madera		
ADVERBIOS/	ADVERBS/		automovilismo	motor racing	63	caballito de mar	seahorse	57
CONTRARIOS	OPPOSITES	25	avestruz	ostrich	56	caballo	horse	51
aerosol	aerosol	58	avión	aeroplane	45	cabeza	head	24
agosto	august	52	azafata	air hostess	45	cabra	goat	64
agua	water	34	azúcar	sugar	13	cachorro	puppy	6
águila	eagle	57	azul	blue	32	cadena	leash	7
aguja	needle	38	bailar	dance	23	cadenetas	paper chains	14
agujetas	laces	9	bailarina	dancer	29	caer	fall	22
ajedrez	chess	26	bajo	small	20	café	coffee, brown	13, 32
ajos	garlics	43	bajo consumo	low consumption	59	caja	box	10
ala	wing	45	balcón	balcony	36	caja registradora	cashtill	39
alambre	wire	48	ballena	whale	55	cajera	cashier	39
albañil	bricklayer	28	banco	bench	40	cajón	drawer	2
alberca	swimming pool	34	bandera	flag	37	cajuela	boot	44
alegre	happy	20	bañarse	shower	22	calabaza	pumpkin	43
aletas	flippers	60	barbilla	chin	24	calcetines	socks	8
alfileres	pins	9	barco	ship	44	calefacción	heating	59
alfombra	carpet	2	barrendero	sweeper	28	CALLE, LA	STREET, THE	36-37
alga	seaweed	60	barriga	tummy	24	calor	hot	53
algodón	cotton wool	46	básquetbol	basketball	62	calzoncillos	pants	8
algodón de azúcar	candy floss	33	bastón	walking stick	47	calzones	panties	8
alicates	pliers	31	basura	rubbish bin	35	cama	bed	10
almohada	pillow	47	basurero	wastepaper basket	41	camaleón	chameleon	57
alpinismo	climbing	63	bata	white coat,		cámara de fotos	camera	14
alpinista	climber	64		dressing gown	7, 9	cámara de video	video camera	15
alto	tall	20	baúl	trunk	11	camello	camel	55
alto consumo	high consumption	59	bebé	baby	1	camilla	stretcher	46
alumno	pupil	19	beber	drink	22	camino	path	34
amanecer	dawn	52	béisbol	baseball	63	camión	lorry	36
amapola	poppy	51	berenjenas	aubergines	42	camionero	lorry driver	29
amar	love	23	besar	kiss	22	camisa	shirt	8
amarillo	yellow	32	biberón	baby bottle	15	camiseta	t-shirt, vest	8
ambulancia	ambulance	46	bicicleta	bicycle	37	camisón	nightgown	9
amigos	friends	16	bigote	whisker	6	campana	bell	19
ancianos	elderly people	40	binoculares	binoculars	49	CAMPO, EL	COUNTRYSIDE, THE	49
ancla	anchor	44	blanco	white	32	canario	canary	6
andar	walk	22	boca	mouth	24	canasta	basket	62
andén	platform	45	bolsa	handbag	41	cangrejo	crab	61
anillas	rings	63	bolsa de plástico	plastic bag	58	canguro	kangaroo	54
anillo	ring	14	bolsillo	pocket	9	canicas	marbles	15, 27
ANIMALES	PETS	6-7	bombero	fireman	28	canoa	canoe	63
DOMÉSTICOS			bosque	forest	64	cantante	singer	28
ANIMALES	MAMMALS,		botas	boots	9	cantar	sing	22
MAMÍFEROS	THE	54-55	bote de basura	wastepaper basket	11	cantimplora	canteen	49
antena	antenna	44	botella	bottle	15	caña	rod	27
antifaz	mask	15	botón	button	9	caracol	snail, seashell	57, 61

Spanish	English	Page
caramelos	sweets	14
carnes frías	cold meat	13
carnicero	butcher	29
carpa	big top	33
carpintero	carpenter	29
carrete	spool	39
carretera	road	36
carretilla	wheelbarrow, cart	35, 51
carriola	pram	35
carrusel	merry-go-round	33
cartas	letters	2
cartel	sign	41
cartera	postwoman, wallet	28, 39
casa del perro	kennel	7
casco	helmet	37
casillero	locker	47
castillo de arena	sandcastle	61
catarina	ladybird	41
catorce	fourteen	17
cebollas	onions	43
cebra	zebra	55
ceja	eyebrow	24
cena	supper	53
cenicero	ashtray	2
cepillo	hairbrush	5
cepillo de dientes	toothbrush	5
cerca	near	25
cerdo	pig	51
cereales	cereals	13
cerezas	cherries	43
cerillos	matches	49
cerrado	closed	21
cerrar	close	23
cesta	basket	58
chaleco	slevess jumper	8
charola	tray	47
chicle	chewing gum	38
chiles	pepper	42
chimenea	chimney	35
chocolate	chocolat	14
chupón	dummy	2
ciclismo	cycling	62
cien	one hundred	17
científico	scientist	28
cierre	zip	9
ciervo	deer	55
cinco	five	17
cincuenta	fifty	17
cine	cinema	37
cinturón	belt	8
CIRCO, EL	CIRCUS, THE	48
círculo	circle	32
cisne	swan	40
claro	clear	21
clavos	nails	31
cobertor	blanket	11
coches de choque	dodgems	33
COCINA, LA	KITCHEN, THE	4
cocinero	chef	28
cocodrilo	crocodile	56
cocos	coconuts	43
codo	elbow	24
cofre	bonnet	44
cohete	rocket	18
cojines	cushions	2
cola	tail	6
colchoneta	airbed	60
COLEGIO, EL	SCHOOL, THE	18-19
coliflor	cauliflower	42
collar	necklace	15
colonia	eau-de-cologne	38
COLORES, LOS	COLOURS, THE	32
columpio	swing	40
comer	eat	22
comida	lunch	53
COMIDA, LA	FOOD, THE	12-13
compañeros	companions	16
compañeros de trabajo	work colleagues	16
computadora	computer	10, 26
concha	shell	6
conejo	rabbit	7
contaminación	pollution	58
contenedor	container	59
copa	glass	13
corazón	heart	47
corbata	tie	8
correr	run	22
cortar	cut	23
cortina	curtain	2
corto	short	20
crayolas	wax	19
crema	suncream	60
cristal	glass	35
crucigrama	crossword	47
cuaderno	exercise book	19
cuadrado	square	32
cuadro	picture	2
cuarenta	forty	17
CUARTO DE BAÑO, EL	BATHROOM, THE	5
cuatro	four	17
cubeta	bucket	34
cubilete	cup	26
cubo	cube	32
cuchara	spoon	4
cuchillo	knife	4
cuello	neck	24
cuento	story	38
cuerda	rope	34
cuerno	horn	55
CUERPO, EL	BODY, THE	24
cuervo	crow	56
CUMPLEAÑOS, EL	BIRTHDAY, YOUR	14-15
curitas	plasters	46
dados	dice	26
debajo	under	25
dedal	thimble	39
dedo	finger	24
dedos del pie	toes	24
delante	in front of	25
delfín	dolphin	54
delgado	thin	21
dentista	dentist	29
dentro	inside	25
DEPORTES, LOS	SPORTS, THE	62-63
derecha	right	25
desayuno	breakfast	53
destornillador	screwdriver	31
detrás	behind	25
día	day	52
diana	dartboard	10
dibujo	drawing	19
diciembre	december	52
diecinueve	nineteen	17
dieciocho	eighteen	17
dieciséis	sixteen	17
diecisiete	seventeen	17
dientes	teeth	24
diez	ten	17
difícil	difficult	25
dinero	money	39
director	conductor	33
distinto	different	21
doce	twelve	17
domador	tamer	48
domingo	sunday	52
dominó	domino	27
dormir	sleep	22
dos	two	17
dulce	sweet	15
dunas	dunes	61
durazno	peach	43
ECOLOGÍA, LA	ECOLOGY, THE	58-59
ejotes	green beans	43
elefante	elephant	54
elevador	lift	46
elote	corn	12
enchufe	socket	2
encima	above	25
enemigos	enemies	16
energía	energy	59
energía eólica	wind power	59
energía solar	sun power	59
enero	january	52
enfermera	nurse	47
ensalada	salad	12
entrada	entrance	41
envolturas	wrappings	58
equilibrista	tightrope walker	48
equitación	show jumping	63
escalera	ladder	35
escalerilla	steps	45
escalón	step	2
escenario	stage	27
escribir	write	22
escritora	writer	29
espalda	back	24
espantapájaros	scarecrow	50
espátula	trowel	35
espectadores	spectators	27
espejo	mirror	2
espinacas	spinach	12
esponja	sponge	5
espuma	foam	61
esquí	skiing	62
establo	stable	51
ESTACIONES, LAS	SEASONS, THE	53
estanque	pond	51
estantería	shelves	11
estatua	statue	40
estómago	stomach	47
estrella	star	32
estrella de mar	starfish	61
estufa	cooker, stove	4, 31
etiqueta	label	38

Spanish	English	Page
excusado	toilet	5
fábrica	factory	59
fácil	easy	25
falda	skirt	8
FAMILIA, LA	FAMILY, THE	1
faquir	fakir	48
farmacia	chemist's	37
faro	lighthouse	61
farol	streetlamp	37
faros	headlights	44
febrero	february	52
FERIA, LA	FUNFAIR, THE	33
fichas	counters	26
filete	steak	12
flamenco	flamingo	57
flan	cream caramel	13
flauta	flute	10
flechas	arrows	11
flores	flowers	34
foca	seal	54
foco	light bulb	11
FORMAS, LAS	SHAPES, THE	32
fotógrafo	photographer	28
fotos	photos	15
fregadero	kitchen sink	4
fresas	strawberries	43
frío	cold	53
frutas	fruits	42
frutería	fruit shop	37
fuego	fire	48
fuente	fountain	36
fuera	outside	25
fútbol	soccer	63
gabardina	raincoat	9
galletas	cookies	15
gallina	hen	51
gallo	cock	50
gancho	hanger	30
garaje	garage	35
gasolina	petrol	44
gato	cat	6
gaviota	sea gull	61
gimnasia	gymnastics	63
girasol	sunflower	50
globos	balloons	14
goma	eraser	19
gordo	fat	21
gorila	gorilla	54
gorra	cap	9
grande	big	21
GRANJA, LA	FARM, THE	50-51
granjero	farmer	51
guantes	gloves	8
guirnalda	garland	15
guitarra	guitar	11
gusano	worm	56
HABITACIÓN, LA	BEDROOM, THE	10-11
hablar	talk	23
hacha	axe	31
hada	fairy	49
halterofilia	weightlifting	63
hamburguesas	hamburgers	13
hámster	hamster	6
harina	flour	43
helado	ice-cream	40
helicóptero	helicopter	47
hermana	sister	1
hermano	brother	1
herradura	horseshoe	50
hierba	grass	34
hijo	son	1
hilo	thread	38
hipopótamo	hippopotamus	54
hoja	leaf	41
hombro	shoulder	24
hora	hour	52
hormiga	ant	56
HOSPITAL, EL	HOSPITAL, THE	46-47
hotel	hotel	36
hoz	sickle	50
hueso	bone	6
huevos fritos	fried eggs	12
humo	smoke	35
iglesia	church	37
igual	the same	21
invierno	winter	53
izquierda	left	25
jabalí	boar	55
jabón	soap	5
jalar	pull	22
jamón	ham	13
jarabe	cough syrup	47
JARDÍN COMUNITARIO, EL	COMMUNITY GARDEN, THE	34-35
jardinero	gardener	41
jarrón	vase	2
jaula	cage	6
jefe	boss	16
jeringa	syringe	46
jirafa	giraffe	55
joven	young	21
jueves	thursday	52
jugo	juice	13
julio	july	52
junio	june	52
labio	lip	24
ladrillo	brick	34
lagartija	lizard	57
lago	lake	40
lámpara	lamp	2, 10
lana	wool	18
lancha	boat	60
lápices	pencils	19
lápiz labial	lipstick	39
largo	long	20
lata	can	43
látigo	whip	48
lavabo	sink	5
lavadora	washing machine	4
lavar	wash	23
lazo	ribbon	14
leche	milk	12
lechuga	lettuce	42
lectura	reading	27
leer/estudiar	read/study	23
lejos	far	25
lengua	tongue	24
lentes	glasses	19, 47
lentes de sol	sunglasses	60
lento	slow	20
león	lion	54
leopardo	leopard	54
levantarse	get up	23
libro	book	38
liebre	hare	55
ligero	light	20
lima	file	31
limas	lemons	42
limpio	clean	21
linterna	torch	49
liso	straight	20
llanta	wheel	44
llanta para nadar	float	60
llave del agua	tap	5
llaves	keys	3
lleno	full	20
llorar	cry	23
lluvia	rain	53
lobo	wolf	55
loro	parrot	7
luces	lights	33
luna	moon	52
lunes	monday	52
lupa	lens	49
madera	wood	31
madre	mother	1
malabarista	juggler	48
maleta	suitcase	45
mallas	leotards	8
malo	bad	25
manejar	drive	23
manguera	hose	34
mano	hand	24
mantel	tablecloth	15
mantequilla	butter	12
manzanas	apples	42
mañana	morning	52
mapa	map	49
mar	sea	61
marcador	felt-tip pen	18
marco	frame	30
marido	husband	16
marioneta	puppet	14
mariposa	butterfly	40
martes	tuesday	52
martillo	hammer	30
marzo	march	52
máscara	mask	15
matamoscas	fly swat	58
mayo	may	52
mecánico	mechanic	29
médico	doctor	47
mejilla	cheeck	24
melón	melon	43
merengue	meringue	15
merienda	afternoon snack	53
mermelada	jam	12
mesa	table	3
mesera	waitress	28
metro	tape measure	30
micrófono	microphone	48
miel	honey	13
miércoles	wednesday	52
minutos	minutes	52
mirar	watch	22
mochila	rucksack	11

Spanish	English	Page
modista	tailoress	29
mojado	wet	21
mono	monkey	54
montaña rusa	roller coaster	33
montañas	mountains	64
MONTAÑA, LA	MOUNTAIN, THE	64
mora	blackberry	43
morsa	walrus	57
mosca	fly	56
mosquito	mosquito	57
moto	motorbike	37
motociclismo	motorcycling	62
mueble	chest of drawers	3
mujer	wife	16
muletas	crutches	46
muñeca	doll	10
murciélago	bat	54
muro	wall	35
música	music	27
músico	musician	28
nadar	swim	23
naranja	orange	32
naranjas	oranges	42
nariz	nose	24
natación	swimming	62
naturaleza	nature	58
navaja	penknife	49
Navidad	Christmas	52
negro	black	32
nido	nest	35
nieta	granddaughter	1
nieto	grandson	1
nieve	snow	53
noche	night	52
noventa	ninety	17
novia	girlfriend	16
noviembre	november	52
novio	boyfriend	16
nube	cloud	64
nublado	cloudy	53
nueve	nine	17
nuevo	new	20
NÚMEROS, LOS	NUMBERS, THE	17
nutria	otter	55
ochenta	eighty	17
ocho	eight	17
octubre	october	52
oír	listen	23
ojo	eye	24
olas	waves	61
once	eleven	17
OPUESTOS, LOS	OPPOSITES, THE	20-21
orca	killer whale	57
oreja	ear	24
oro	gold	39
orquesta	orchestra	33
oscuro	dark	21
osito	teddy bear	10
oso	bear	54
oso panda	panda bear	54
otoño	autumn	53
OTROS ANIMALES	OTHER ANIMALS	56-57
óvalo	oval	32
oveja	sheep	51
padre	father	1
paja	straw	50
pala	spade	35
palmera	palm-tree	60
paloma	dove	57
palomitas	popcorn	33
pan	bread	13
pan dulce	cake	13
pan tostado	toast	12
pantalla	screen	27
pantalón de mezclilla	jeans	8
pantalones	trousers	8
pantera	panther	55
pañales	nappies	38
pañuelo	handkerchief	9
papalote	kite	27
papas	potatoes	42
papas fritas	chips	12
papel	paper	19
papel de regalo	wrapping paper	14
papel higiénico	toilet paper	5
papel reciclado	ruled paper	58
papeles	papers	58
parabrisas	windscreen	44
paracaídas	parachute	27, 64
paraguas	umbrella	3
parchís	parcheese	26
pared	wall	3
pareja de baile	dancing couple	33
PARQUE PÚBLICO, EL	PUBLIC PARK, THE	40-41
pasajero	passenger	45
paso peatonal	zebra crossing	36
pasta	pasta	12
pastel	cake	14
pastillas	pills	46
pastor	shepherd	51
patas	paws	6
patinaje sobre hielo	ice-skating	63
patines	roller skates	26
patineta	skateboard	41
pato	duck	51
pavo	turkey	50
payaso	clown	15, 48
pecera	fishbowl	7
peces de colores	goldfishes	7
pecho	chest	24
pegamento	glue	19
peine	comb	5
pelícano	pelican	56
película	film	27
pelo	hair	24
pelota	ball	11
peluquera	hairdresser	29
pensar	think	22
pequeño	little	21
peras	pears	42
perchero	coat hanger	30
periódico	newspaper	37
periquito	parakeet	7
perro	dog	6
persiana	venetian blind	11
pesado	heavy	20
pesas	weights	63
pescado	fish	13
pescar	fishing	27
pez espada	swordfish	57
piano	piano	11
pico	peak	64
pie	foot	24
piedra	stone	49
pierna	leg	24
pilas	batteries	59
piloto	pilot	45
pimienta	pepper	13
pincel	paintbrush	18
pingüino	penguin	57
pintor	painter	29
pintora	artist	29
pintura	paint	30
piñas	pineapples	42
piragüismo	canoeing	63
piyama	pyjama	11, 47
pizarrón	blackboard	18
placa	registration number	44
plancha	iron	31
planeador	hang-gliding	27
plástico	plastic	58
plastilina	play dough	11
plata	silver	39
plátanos	bananas	42
plato	plate	4
PLAYA, LA	BEACH, THE	60-61
pluma	biro	19
plumas	feathers	7
pobre	poor	21
podadora	lawnmower	34
policía	policeman	29
pollo	chick	50
popote	straw	14
poros	leeks	43
postal	postcard	38
póster	poster	10
pozo	well	50
presentador	compère	48
primavera	spring	53
primero	first	25
primo/a	cousin	1
PROFESIONES, LAS	PROFESSIONS, THE	28-29
profesora	teacher	19
pueblo	town	64
puente	bridge	64
puercoespín	hedgehog	49
puerta	door	3
puerto	seaport	44
puesto de periódicos	kiosk	36
pulmón	lung	47
pulpo	octopus	56
pupitre	desk	18
quesos	cheeses	12
quince	fifteen	17
quiosco	bandstand	33
radiograbadora	radiocassette	3
rama	branch	40
rana	frog	57
rápido	fast	20
raqueta	tennis racket	62
ratón	mouse	6
rebaño	flock of sheep	51

Spanish	English	Page
reciclable	recyclable	59
reciclar	recycle	59
rectángulo	rectangle	32
reflejo	reflection	41
refresco	soft drink	15
refrigerador	fridge	4
regadera	watering pot	35
regalo	present	14
regla	ruler	19
rehilete	windmill	18
reina	queen	39
reír	laugh	22
reja	fence	34
RELACIONES, LAS	RELATIONSHIPS, THE	16
reloj	clock	3
remos	oars	60
resbaladilla	slide	41
restaurante	restaurant	37
revista	magazine	41
rey	king	39
rico	rich	21
rincón	corner	2
rinoceronte	rhinocerous	55
río	river	64
rizado	curly	20
robot	robot	39
rodilla	knee	24
rodillo	rolling pin	31
rojo	red	32
rombo	rhombus	32
rompecabezas	jigsaw	26
romper	break	23
ROPA, LA	CLOTHES, THE	8-9
ropero	wardrobe	10
rosa	pink	32
rueda de la fortuna	big wheel	33
rugbi	rugby	62
sábado	saturday	52
sábanas	sheets	11
sacapuntas	pencil sharpener	19
saco	jacket	9
saco de dormir	sleeping bag	49
sal	salt	13
sala de espera	waiting room	45
SALA, LA	SITTING ROOM, THE	2-3
salchichas	sausages	13
saltamontes	grasshopper	41
saltar	jump	23
salvavidas	life jacket	45
sandalias	sandals	9
sartén	frying pan	4
secadora	hair-dryer	38
seco	dry	21
secretaria	secretary	16
segundos	seconds	52
seis	six	17
semáforo	traffic lights	36
semana	week	52
sentarse	sit down	23
señal de tráfico	traffic sign	37
septiembre	september	52
serpentinas	streamers	15
serpiente	snake	56
serrucho	saw	30
servilleta	napkin	15
sesenta	sixty	17
setenta	seventy	17
short	shorts	9
siete	seven	17
silla	chair	3
silla de montar	saddle	50
silla de ruedas	wheelchair	46
sobre	envelope	38
sobrina	niece	1
sobrino	nephew	1
sofá	sofa	3
sol	sun	61
soleado	sunny	53
sombrero	hat	9, 48
sombrilla	sunshade	60
sopa	soup	12
sube y baja	see-saw	40
submarino	submarine	19
sucio	dirty	21
suelo	floor	18
sueltos	loose	58
suéter	jersey	8
SUPERMERCADO, EL	SUPERMARKET, THE	42-43
surfing	surfing	63
taladro	drill	31
TALLER, EL	WORKSHOP, THE	30-31
tambor	drum	10
tarde	afternoon	52
tarde-noche	evening	52
taza	cup	4
té	tea	13
teatro	theater	27
techo	ceiling	31
teclado	keyboard	26
tejado	roof	34
telaraña	cobweb	30
telas	fabrics	58
teléfono	telephone	3
televisión	television	3
tenedor	fork	4
tenis	trainers, tennis	9, 62
termo	thermos	49
termómetro	thermometer	47
tía	aunt	1
tiburón	shark	56
TIEMPO LIBRE, EL	FREE TIME, THE	26-27
TIEMPO, EL	TIME, THE	52
tienda de campaña	tent	49
TIENDA, LA	SHOP, THE	38-39
tierra	land	41
tiesto	flowerpot	3
tigre	tiger	55
tijeras	scissors	18
timbre de correo	stamp	39
timón	rudder	44
tina de baño	bath	5
tío	uncle	1
tiro con arco	archery	63
toalla	towel	5
tobillo	ankle	24
toldo	awning	36
tomates	tomatoes	43
tornillos	screws	30
toro	bull	51
tortilla	omelette	12
tortuga	turtle	6
tóxico	toxic	59
tractor	tractor	50
traje de baño	swimsuit	60
trampa	mousetrap	6
transporte individual	individual transport	59
transporte público	public transport	59
TRANSPORTES, LOS	TRANSPORTS, THE	44-45
trapecista	trapeze artist	48
trapo de cocina	kitchen towel	4
trece	thirteen	17
treinta	thirty	17
tren	train	10, 45
tres	three	17
triángulo	triangle	32
triciclo	tricycle	11
triste	sad	20
trompeta	trumpet	10
trompo	spinning top	27
tronco	tree trunk	41
tuerca	nut	31
tumbona	deckchair	61
túnel	tunnel	64
último	last	25
uno	one	17
uña	nail	24
uvas	grapes	43
vaca	cow	51
vacío	empty	20
vagón	wagon	45
vaso	glass	4
vecinos	neighbours	16
veinte	twenty	17
vela	sail, sailing	45, 63
velas	candles	14
venda	bandage	46
ventana	window	3
ventanilla	window	45
verano	summer	53
verde	green	32
verduras	vegetables	42
vestido	dress	8
veterinario	vet	7
vía	railway	45
video	video	3
videojuego	video game	26
vidrio	glass	58, 59
viejo	old	20, 21
viento	wind	53
viernes	friday	52
vino	wine	13
violeta	purple	32
visor	underwater goggles	61
volante	stering wheel	44
vólivol	volleyball	63
yeso	plaster	46
yo	me	1
yogur	yoghurt	43
zanahorias	carrots	43
zapatillas	slippers	5
zapatos	shoes	9
zorro	fox	55